Michael Groißmeier · Nachlese

Allitera Verlag

MICHAEL GROIẞMEIER, geboren 1935 in München, lebt in Dachau, ist Lyriker und Erzähler. Zahlreiche Buchpublikationen: Lyrik, deutsches Haiku, Kurzprosa, autobiografischer Roman »Der Zögling«. Bürgermedaille der Großen Kreisstadt Dachau, Ehrengabe zur Förderung des Schrifttums, Verdienstkreuz am Bande des Verdienstordens der Bundesrepublik Deutschland, Bayerischer Poetentaler, Ehrengast der Deutschen Akademie Villa Massimo in Rom. Der literarische Vorlass befindet sich beim Literaturarchiv Monacensia der Landeshauptstadt München und im Stadtarchiv der Großen Kreisstadt Dachau.

Michael Groißmeier

Nachlese

Gedichte

Allitera Verlag

Mai 2024
Allitera Verlag
Ein Verlag der Buch&media GmbH, München

Layout, Satz und Umschlaggestaltung: Johanna Conrad
Gesetzt aus der Sabon
Umschlagvorderseite: Meister der Acquavella-Stillleben, tätig zwischen 1615 und ca. 1630 in Rom
Printed in Europe · ISBN 978-3-96233-454-3

Allitera Verlag
Merianstraße 24 · 80637 München
Fon 089 13 92 90 46 · Fax 089 13 92 90 65

Weitere Publikationen aus unserem Programm finden Sie auf www.allitera.de
Kontakt und Bestellungen unter info@allitera.de

… jetzt, da ich älter bin,
beginn’ ich zweifelnd meinen Tag, doch
heilig und heiter ist mir sein Ende.

Friedrich Hölderlin

für Margit und Andrea

Die Seele
ist das Ebenbild Gottes,
nicht der Leib.

Der Tod – er ist nichts anderes
als der Aufstand der Seele
gegen die Zwangsherrschaft
des Fleisches.

Ich schließe die Augen,
um dich nicht
aus den Augen zu verlieren.

Kindheit 1945

Mir flogen keine
gebratenen Tauben
in den Mund.

Ein Feuerregen
fiel vom Himmel,
und die Menschen
verglühten zu Asche.

Der Himmel taute
keinen Gerechten,
der die Flammen löschte.

2023

Auf meinem Schreibtisch
eine glasierte Tonplastik
von 1985 –
mein eigener Kopf,
der mich anblickt
aus blinden Augen,
mich Alternden anblickt,
mitleidlos,
während er selber
niemals altert,
mich anblickt
mit der Überlegenheit
eines Mannes
von 50 Jahren.

Mit Zehn

Durch meine Träume rollen Räder
mit Leichen vollbeladner Fuhren,
und wieder bin ich Kind, zehn Jahre,
geängstigt von Lemuren.

Ich steh am Rand der Straße,
den Brotlaib unterm Arm, erbeutet
in einem Laden, fast geplündert.
Die Mittagsglocke läutet

herab von Sankt Jakobus,
indes Verwesungssäfte troffen.
Ich seh die Hungermünder
vor Gier nach meinem Brotlaib offen.

Im Seminar 1946 – 1954

Ich war in Quarantäne
im Knabenseminar
und putzte meine Zähne
geduldig Jahr um Jahr.

Ich wusch mir auch die Füße,
so wie es sich gehört,
empfing der Eltern Grüße,
war immer noch verstört.

Ich mißte mein Zuhause,
der Mutter Sorgsamkeit,
die väterliche Jause
im Moos bei Heuarbeit.

Ich war im »Schrein« gefangen
gleich einem Hostienbrot.
Ach, Freiheit wie erlangen –
lebendig oder tot?

Am Strassenrand

Vorüber rollten Totenfuhren.
Nicht stehn bleiben die Kirchenuhren,
sie zeigten an die Mittagszeit,
den Lebenden sei's Mahl bereit.

Wo Tote ihren Hunger stillen,
das war mir Buben rätselhaft.
Ich sah, wie in die Abflußrillen
der Straße rann Verwesungssaft.

Wohin sie wohl die Toten karrten,
die aus den Augenhöhlen starrten?
Mir war, als bangten sie um mich,
was mir geschäh unweigerlich.

Der tote Soldat

Ich sah dem toten
Soldaten in die Augen.
Er blickte mich an,
als wüßte er
alles über mich,
als sehe er meine Zukunft
mit allen ihren
Schrecknissen voraus.
Und niemand
drückte ihm die Augen zu.

Verlorene Jahre?

Nicht will ich mich beklagen
über die Jahre im Knabenseminar,
die mir verloren schienen.
Und doch trugen sie dazu bei,
daß ich Dichter geworden bin!
Und ich begann
auch die Brennnessel zu lieben,
die meine Hand verbrannte.

Unser altes Haus

Ich liebe unser altes Haus,
weiß mich in ihm geborgen.
Der Vater sperrt die Not hinaus,
die Mutter alle Sorgen.

Mich ängstigt nicht, daß in dem Haus
schon manche Lieben sind verstorben.
Man trug ja nur den Leib hinaus.
Die Seelen blieben, unverdorben.

Bach

Wie viele Werke hat Bach
mit ins Grab genommen!
Sie sprengen
die Pforten der Hölle!

Schöne Jugendzeit?

Über Äcker lief ich,
barfuß und mit Lust.
In den Ähren schlief ich,
kühl bis in die Brust.

Wo sie andre pferchen,
ich ging frank und frei,
lauschte still den Lerchen,
hörte nicht den Schrei

derer, die sie schlugen,
übern Bock gespannt.
Meine Füße trugen
leicht mich jungen Fant.

Über Hügel, Täler,
welche Luftigkeit!
Und wie weit die Quäler!
Schöne Jugendzeit?

Poet

Er wollte nichts sein als Poet,
nichts andres tun als dichten.
Zuwider war ihm der Prolet,
Unnützes zu verrichten.

Er liebte die Bescheidenheit
des Grases, war drin Schläfer,
versäumte so die schlimme Zeit.
Sein Zeuge war der Käfer.

Die Raden und der rote Mohn,
sie waren ihm Geschwister.
Die Seelenmesse hielt ihm schon
der Rabe, war der Priester.

Die Königskerzen gaben Licht.
Die Orgel schlug die Buche.
Die Seele floh schon ins Gedicht.
Vergeblich eure Suche.

Auf Erden

Mein Garten ist nicht Edens Garten.
Ich möchte nicht mit diesem tauschen.
So irdisch schön der Bäume Rauschen,
erlösend, auf die Nacht zu warten!

Ich sehe Eden gern von ferne,
die wunderbare Frucht der Sterne.
Ich möcht sie nicht in Eden pflücken,
laß fern von ihnen mich beglücken.

Ich liebe sehr den Regenbogen,
doch möchte ich ihn nicht beschreiten.
Auf Erden hab ich Seligkeiten,
die sind gewißlich nicht gelogen!

Die Natur

Was soll ich noch schreiben,
es ist alles Gedicht:
das Weidensamentreiben,
das Königskerzenlicht.

Nicht bedarf es
des menschlichen Munds,
wenn die Natur selber spricht.

Das absolute Gedicht

Nie ist mir das eine
absolute Gedicht gelungen.
Jetzt, da ich alt bin
und fast niedergerungen,

wird mir das eine
absolute Gedicht gelingen?
Ich werde bis zum Entatmen
um dieses eine ringen!

Robinson

Mein Schreibzimmer ist meine Insel,
auf die ich mich selber verschlagen habe.
Die Brandung alltäglicher Stimmen
schlägt an mein Fenster,
das ich nicht öffne,
um nicht unterzugehen im menschlichen Lärm.
Ich hisse keine Flagge.
Ich will nicht gerettet werden
auf das trügerische Festland,
in die Wüstenei der
nüchternen Vernunft.

Verdammnis

Das Wort erstirbt im Mund
vorm Schrecken dieser Welt.
Wild schlägt das Herz dich wund.
Ein Aschenregen fällt
von abertausend Feuern.
Es tut kein Gott sich kund,
den längst gebrochnen Bund
mit seiner Schöpfung zu erneuern.

Haiku

Aus großer Höhe
läßt sich die Lerche fallen –
welch Vertrauen auf ihre Flügel!

Wundrose

Wundrose, röteste der Rosen,
die jemals einem Menschen ward.
Du hörst das Blut im Herzen tosen,
durch deiner Adern Jugend, Geopard.

Wundrose, jungfräuliche Röte,
Wundrose, röter als die Scham.
Geschenk, das nur ein Gott dir böte,
der über dich nachts kam.

Irrweg

Wohin dein Weg dich führt,
ein Irrweg ist er stets.
Du glaubst, daß sie Gott rührt,
die Inbrunst des Gebets?

Dein Gott ist nur die Kraft,
die ihre Schöpfung denkt,
die schafft und wieder rafft,
dich auf den Irrweg lenkt.

Resümee

Ein Wirtshaushocker war ich nie.
Ich saß in meiner Klause unterm Dach,
schrieb Verse, wenn der Kuckuck schrie.
Auch in den Nächten war ich wach.

Die Welt ging mir sonst wo vorbei.
Ich war mir immer selbst genug.
Mich lockte keine Lorelei.
Bis ich gewahr ward: Selbstbetrug!

Ein Irrtum jegliches Gedicht,
das ich im Schaffensrausch verbrach.
Schon flackert mir das Lebenslicht.
Vorbei bald alles Ungemach.

Kein Hahn wird krähn nach mir.
Kein Kunststück: Hähne gibt's nicht mehr!
Schmatzt nicht die Erde schon vor Gier?
Dann schwemmt es mich zurück ins Meer.

Die Schöpfung in Scherben

Weltreiche, die zerfielen.
Was gilt dein bißchen Leben
daneben, das der vielen,
die starben ohne Segen.

Der Segen galt den Waffen.
Gesegnet ward das Morden.
Den Frieden doch zu schaffen,
dafür gabs keinen Orden.

Gott hält stets zu den Siegern.
Der hatte nichts zu melden,
der bei den Unterliegern.
Ein Orden nur für Helden.

Kein Weltreich ist von Dauer.
Auch Herrscher müssen sterben.
Weint Gott in stolzer Trauer
um seiner Schöpfung Scherben?

Erfaßt nicht Gott die Reue,
weil Menschheit ihm mißraten?
Gott, schaff nicht eine neue
zu weitren Missetaten!

Schaff Wesen, die nicht hassen,
nicht foltern und nicht töten,
einander leben lassen,
die Welt mit Blut nicht röten!

Gott, schaff ein neues Eden,
drin Milch und Honig fließen,
die Wesen friedlich reden,
nicht wieder Blut vergießen!

Nachlese

Wie eine Traube hängt dein Herz
bereift in deiner Brust.
Vorbei die Zeit der Kuckucksterz,
der ersten Liebeslust.

Nachlese hält ein andrer jetzt,
preßt sich des Herzens Wein,
der röter nicht denn Blut könnt sein,
und nichts lebendig läßt.

Bruckner

Seine Angst,
lebendig begraben zu werden.
Sein letzter Wunsch:
ein Nadelstich
mitten durchs Herz.
Kein Dom
geräumig genug
für seine Symphonien.
Nicht einmal der Weltraum.
Selbst Gott müßte sich vor ihm
niederknien,
ihm die Füße küssen.

Die letzte Reise

Schön stad und leise
erlischt mein Augenlicht.
Auf meiner Reise,
der letzten, brauch ich's nicht.

Wohin die Reise
mich führt, da ist es Nacht,
erleuchtet weise
nur von der Sterne Pracht.

Erwachen

Das Leben, ja, ist Traum,
der Tod ist das Erwachen,
und was du hörst, ist kaum
des Paradieses Lachen.

Nach zwangsweiser Entleibung
droht dir vielmehr die Qual
der endgültigen Vertreibung
ins ewige Tränental.

Lacrimae

Wie kalt der Mond, die Sterne!
Allein die Sonne wärmt.
Wer weiß, ob in der Ferne
ein Gott sich um uns härmt.

Ich würde es fast wähnen,
daß Gott die Sterne weint.
Ob er mit solchen Tränen
auch uns, die Menschen, meint?

Doch ist nicht auch die Sonne
des Gottes Träne heiß!
Er weint wohl kaum vor Wonne,
da er sich machtlos weiß.

Gottes Tand

Die Sterne, leuchtend, licht,
doch blind, sie sehen nicht
der Menschen Leid und Qual,
hinab ins Tränental.

Sie leuchten ohne Sinn
zur Nacht seit Anbeginn.
Sie sind des Gotts Geschmeid,
der schuf der Schöpfung Leid.

Sie leuchten überm Land,
nur eines Gottes Tand,
der sich mit Glimmer schmückt
und nur sich selbst beglückt.

Das Morgenrot der Jugend schwand

Das Morgenrot der Jugend schwand,
des Alters Abendrot verlischt.
Leis rührt mich an die Knochenhand,
die Licht aus meinen Augen wischt.

Die Rosenröte neuen Seins,
ob jemals sie mein Aug erhellt?
Ich weiß nur, dieses Grab ist meins,
von einem Hügel sanft geschwellt.

Ich fürcht, im Grund herrscht dunkle Nacht
und tiefer Schlaf ganz ohne End,
aus dem kein Schlafender erwacht.
Kein Engel, den ein Gott mir send.

Unsterblich ist das Wort

Ein Dichter kann nicht sterben,
er lebt in seinen Werken fort.
Unsterblich ist das Wort.
Doch sterblich sind die Erben.

Wenn sie es nicht bewahren,
bewahrt es doch der Wind.
Er weiß es noch in tausend Jahren,
weil Wind und Wort unsterblich sind.

Der Tod

Was ist der Tod? Tribut
ans Leben? Unerträglich
wär's in der Qualen Flut!
Endlos zu sein – unsäglich!

Der Tod ist die Barmherzigkeit,
mit der ein Gott uns segnet,
die Pforte zur Unsterblichkeit,
in der uns Gott begegnet.

Wo, Gott, bist du?

Mit jedes Kindes Tod stirbt mir
der Gott, der's nicht beschützt.
Ich hadre, weil Gebet nichts nützt,
den Glauben ich verlier.

Mich schmerzt es, geht ein Kind zugrund.
Wie herzlos ist ein Gott, der schweigt
zum Wehschrei aus des Kindes Mund,
sich nicht barmherzig zu ihm neigt!

Ein Kind verdirbt und Gott schaut zu,
schickt keinen Engel ihm zum Schutz.
Ich frage dich, wo, Gott bist du.
Zu was bist du noch nutz?

O Schönheit!

O Schönheit, schöner Schein!
Warum muss Schönheit welken,
darf nicht für immer sein?
Ach, weniger als Nelken,
als Rosenduft im Mai'n!

O Schönheit, rosger Hauch
auf Haut wie Alabaster,
warum verwelkst du auch
wie Dahlie und Aster
im Raureif, Nebelrauch?

O Schönheit, letzter Glanz
auf einer bleichen Stirne,
auch du erkaltest ganz
im Abglanz ferner Firne
beim wüsten Totentanz.

Auf eine griechische Urne

John Keats

Der Asche Schweigen
ist in die Urne eingeschlossen.
Nicht tränken Tränen sie,
schon tausendfach vergossen.

In einer Nische
in der Mauer, steinversiegelt,
die Urne, die auch nicht
der Jüngste Tag entriegelt.

So bleibt das Schweigen
in der Urne eingeschlossen,
und längst vertrocknet sind
die Tränen, je vergossen.

Der Gott im Baum

Ich bete zu den Bäumen,
sind Gottheit mir genug.
Sie sind zwar nicht allmächtig,
doch ohne Lug und Trug.

Es ist des Baumgotts Zunge,
die spricht als Blatt zu mir.
Ich lausche ihr andächtig,
antworte flüsternd ihr

mit meinem Wort im Munde,
das sich verwandelt hat,
schon mit dem Gott im Bunde,
in seines Baumes Blatt.

Jessenins »grüne Nacht«

Jessenins »grüne Nacht«
mög nie mir widerfahren!
Ich hoffe, daß ich sacht
entatme nach den Jahren,

die ich still zugebracht
ohn jegliches Gebaren
mit Prunk und Ruhm und Pracht.
Jessenins »grüne Nacht«
die mög mir Gott ersparen!

Ich brauche nicht Fanfaren,
illustre Totenwacht,
nicht Lobredner in Scharen,
wenn nur mir Unscheinbaren
ein heitrer Himmel lacht.

Die Erde

Es geht die Welt nicht unter,
wenn dich der Tod ereilt.
Die Vögel singen munter,
der Wurm im Sargholz feilt.

Das läßt sich nicht beirren,
was ringsum kreucht und fleucht.
Die Fledermäuse schwirren,
vom Mondlicht aufgescheucht.

Und liegst du auf dem Schragen,
gleichgültig fällt der Schnee.
Die Erde, leicht zu tragen,
tröstlich, verschweigt dein Weh.

Warme Trauer

Und wieder schmerzt mich warme Trauer
Sergej Jessenin

Und wieder schmerzt mich warme Trauer,
wenn Lindenduft an meine Stirne rührt.
Ich wandle hin im sanften Blütenschauer,
von leiser Sehnsucht auf den Pfad geführt.

Behütet von der Friedhofsmauer,
ein Ruheplatz, der jedem wohl gebührt.
Die Erde sänftigt jede Trauer,
erstickt das Feuer, das der Schmerz geschürt.

An Jessenin

Bruder Stromer, Vagabund
Himbeerrot dein Abendrot.
Allzu früh ward stumm dein Mund,
warst als Lebender schon tot.

Doch unsterblich dein Gedicht,
weiter lebts im Steppenwind,
der es wie Gebete spricht,
die nur Gott vernehmlich sind.

Hast gewürdigt Vaters Bart,
der von Apfelblüten weiß.
Sergej, deine Höllenfahrt
wohl auf teuflisches Geheiß.

Auch die Wesen beten

Es beten auch die Gräser
zu Gott, der sie erschaffen hat,
der Wind, der Samenbläser,
das Labkraut und das Lattichblatt.

Sie alle loben Gott, den Herrn,
so wie es ihnen ziemt, bescheiden.
Auch in der Nuß der Kern
gehört nicht zu den Heiden.

Er betet um Befreiung
aus seiner harten Schale
und bittet um Verzeihung
für Jesu Wundenmale.

Wer nie sein Brot mit Tränen ass

Johann Wolfgang von Goethe

Ach, vorbei, da wir mit Schlitten
schnell den Berg hinunter sausten!
Wenn wir einen Sturz erlitten,
war's nicht schlimm. Die Stürme brausten

unsres spätren Lebens rauer,
und die Stürze waren schmerzhaft.
Herrlich war's im Flockenschauer,
bissen in den Apfel herzhaft.

Was wir später aßen – bitter!
Aßen unser Brot mit Tränen.
Siehst jetzt hinterm Karnergitter
deinen eignen Schädel gähnen.

Unser Walnussbaum

Oftmals hab ich ihn umarmt
und gespürt, wie Kraft er aus der Erde saugt.
Ach, wie mir der Leib verarmt,
der nur mehr zum Siechen taugt!

Mit dem Saft des Baums durchströmt mich Freude,
spür, wie sich der Baum an mich vergeude,
wie sein Saft in meine Glieder fließt,
daß es grün aus Armen, Beinen sprießt!

Nimmermehr spür ich das Alter.
Fest verwurzelt in der Erde,
weiß ich, daß ich blühen werde,
Wind liest's aus des Laubes Psalter.

Wiedergeburt

Wenn ich einst geboren werde
wieder auf die liebe Erde,
laß mich Blume sein bescheiden,
Gott, und allen Hochmut meiden.

Gib mir nur ein wenig Krume,
daß ich wachsen kann als Blume,
blühe, dufte und vergehe,
bis ich wieder auferstehe!

Daure ich auch nur ein Weilchen
an dem Wiesenhang als Veilchen,
oder auch als Heckenrose,
morgen bin ich Herbstzeitlose!

Jugendtraum

Festgewurzelt in der Erde
wie mein alter Walnußbaum!
O daß ich ihm ähnlich werde,
das war schon mein Jugendtraum.

Gerne saß ich hoch im Wipfel,
lauschte seinem Laub im Wind.
Von dem Himmel einen Zipfel
haschte mit der Hand ich g'schwind.

Aber schnell ist mir zerronnen,
was zu halten ich gemeint.
Oft hab ich dem nachgesonnen,
ob der Baum um mich geweint.

So als ob er um mich wüßte,
was in Zukunft mir gescheh,
daß ich lieben, leiden müßte,
liegen lange unterm Schnee.

Die Monduhr

Ich lese es der Monduhr ab,
wann meine Lebenszeit vorbei.
Ein Baumast ist der Zeigerstab.
Vorrückt sein Schatten – einerlei!

Schon ist es fünf vor Mitternacht,
da schiebt sich eine Wolke vor
und hat mich um die Sicht gebracht,
daß ich den Überblick verlor.

Jetzt weiß ich nicht, wie spät es ist,
und ob schon Mitternacht vorbei.
Wer gab bis morgen Nacht mir Frist?
Ich lebe noch – auch einerlei!

Pferde

Ihr Pferde mit den blonden Mähnen,
seitwärts gekämmten Hafersträhnen,
mit fest geflochtnen Gerstenschwänzen,
ihr fröhlichen bei Totentänzen!

Auf euren Stirnen blinkt ein Stern.
Wie hab ich, Pferde, euch so gern!
Ich wähn euch als Elias' Pferde,
die mich entführn von dieser Erde.

Staub

Auch die Rose muß verderben,
die in Purpurpracht erglüht.
Auch der Mensch muß einmal sterben,
der ums Glücklichsein sich müht.

Alles muß zu Staub zerfallen,
draus die Kraft was Neues schafft,
seien es am Blatt die Gallen,
Seelen in des Leibes Haft.

Des Baumes Bruderschaft

Nicht ohne Bäume möcht ich leben,
nicht atmen ohne ihrer Blätter Hauch!
Ich möchte in die Höhe streben
wie ihre hohen Wipfel auch.

Ich möchte gipfeln in der Bläue
des Himmels, weiß umwoben von der Wolken Wehn.
Ich möcht nicht leben ohn der Bäume Treue.
Ich möcht wie sie verwurzelt mit der Erde stehn,

aufrecht und ohne alles Zagen.
Ich söge aus der Erde meines Daseins Kraft.
Und lieg ich auf dem hölzern Schragen,
ich spürte noch des Baumes Bruderschaft.

Am Ufer der Amper

Ich sitze am Ufer der Amper,
das von Weiden und Pappeln bestanden.
Längst ging ich der Welt abhanden.
Ich habe mich eingesponnen
in meine eigene Welt.
Der realen habe ich nichts abgewonnen,
die von Lust- und Todesschreien durchgellt.
Ich sinne am Ufer der Amper,
in der sich mein Angesicht spiegelt.
Vom Schweigen der Fische
ist mir der Mund versiegelt.

Tanka

Im Amperwasser
spiegelt sich mein Gesicht.
Fische saugen
an meinem Mund,
ihm ein Wort zu entlocken.

Als Baum

Was bleibt: der Regen und der Schnee,
die gehn mir nicht verloren.
Wie wurzelfest, ein Baum, ich steh,
als sei ich neu geboren!

Auf meinen Armen, Fingern Schnee
als wie auf Ästen, Zweigen.
Wie Vogelflaum verfliegt das Weh,
wenn sich die Knospen zeigen.

Das Fleisch

> Das Fleisch ist trauernd auch!
> Stéphane Mallarmé

Das Fleisch ist trauernd auch!
O Staub, in den es einst zerfällt!
O Staub, du glücklicher,
der du nicht mehr
zu trauern brauchst,
weil du gefunden hast
schon deine Form
und deinen Frieden!

Regen

Es tränet in mein Herz
Paul Verlaine

Es tränet in mein Herz
der Himmel seinen Regen.
Er weint nicht ohne Grund.
Sieht er den Schmerz
der Menschen,
auch den meinen,
den ein Gott
nicht stillt?
Es tränet in mein Herz,
bis es ertrinkt
im Tränenregen.

1945, als ich zehn Jahre alt war

Er schläft, die Füße in den Gladiolen …
Arthur Rimbaud

Ich sah ihn schlafen,
den toten Soldaten,
die Finger in die
Brombeerhecke verkrallt.
An den Lippen
ein Blutstropfen,
als habe er sich schon
eine Beere gepflückt
für den nicht mehr
zu stillenden Durst
nach Leben.

Täglich eine Entdeckung

Täglich eine Entdeckung
Juan Ramón Jiménez

Laß mich täglich
dich entdecken,
du unsichtbarer Gott,
dich entdecken
im Grashalm,
im Tautropfen,
der an ihm hängt,
einen Bläuling tränkt,
eine in ihn
verbannte Seele
auf Bewährung!

Schnee

Der Himmel ist Asche
Federico García Lorca

Der Himmel ist Asche.
Hat Gott sich verbrannt
aus Verzweiflung
über seine
mißlungene Schöpfung?
Asche als Schnee,
sein Vermächtnis,
zu lindern
das Leiden der Schöpfung?

Särge

Die Jungen tragen an Särgen schwer
Konstantin Balmont

Die Jungen tragen an Särgen schwer.
Nicht minder die Alten.
Tragen Junge die Alten,
tragen sie leicht.
Tragen Alte die Jungen,
tragen sie schwer.
Aber die Särge,
die bleiben sich gleich.
Ob beladen,
ob leer.

Die Antwort

Wo bin ich?
Mein Herz klopft die Antwort beklommen
Nikolaj Gumiljow

Wo bin ich?
Mein Herz klopft die Antwort beklommen.
Im Kerker des Körpers
gefangen,
klopft es um Hilfe.
Befreier nur einer:
der Tod.
Ist das die Antwort?

Wer einmal sich verlor

Nie kehrt zurück,
wer einmal sich verlor.
Alexander Block

Wer einmal sich verlor
in sich selber,
der kehrt nie mehr zurück,
der irrt umher
in sich,
bis einer ihn findet:
der Tod.

Was bleibt

Wie unser Leben so spurlos verfliegt!
Sergej Jessenin

So spurlos verfliegt es wohl nicht!
Es bleibt, Sergej, das eine,
dein unvergängliches Gedicht!
Aber das meine,
bescheidener, schlicht?

Die Erde

… furchtbarer die Erde.
Ossip Mandelstamm

Furchtbar kann sie
nicht sein,
die Erde,
die uns duldet,
trägt und erträgt,
uns am Ende
liebreich in die Arme nimmt,
mütterlich, verzeihend.

Im Kerker der Erde

> Die Erde war mein Kerker zwar …
> Fjodor Sollogub

Die Erde ist mein Kerker zwar,
aber immerhin ist mir
die Befreiung gewiß.

Doch was auf sie folgt:
Die ewige Verbannung!

LEBEN

... ich verging wie Rauch ...
Valerij Brjussow

Wo Rauch war,
war auch Feuer,
Glut unter der Asche,
war Leben.

Das Gedicht

… denn jeden reißt seine Lust hin.
Vergil

Hingerissen bin ich
von der Lust zu schreiben,
wohl die erlesenste der Lüste!
Und gibt es höheren Lohn
als das Gedicht!

Eins und alles

Sein Name ist Schönheit.
Friedrich Hölderlin

Meinte er Gott,
als er »der Namen des,
der eins ist und alles«
als »Schönheit« benannte?
Mir aber genügt
ein Grashalm
ein Tautropfen,
der mir eins ist
und alles!

Die Poesie der Gräser

Gottes Schweigen
Georg Trakl

Gottes Schweigen
verstört mich.
Ich antworte ihm
mit meinem Gedicht.
Unwahrscheinlich,
daß er es nicht vernimmt,
er, der die Poesie
der Gräser schuf.

Wolken

Die Wolken blühn
wie Apfelbäume
am Himmel,
rosig behaucht
von der Morgensonne,
Widerschein
des Paradieses?

Dichterleben

Es ist mir aufgegeben,
zu schreiben Nacht für Nacht.
Wonach die andern streben,
das habe ich verlacht.

Dies weltliche Getue:
Der bäckt sein sichres Brot,
der zimmert eine Truhe
für den, der noch nicht tot!

Ich aber sitz und sinne,
und so vergeht mein Sein,
bis mich der Tod, die Spinne,
still in sein Netz webt ein.

Pappel

Pappel braust wie ein Prophet
Wilhelm Lehmann

Pappel braust wie ein Prophet.
Was sie weissagt, wer kann's wissen.
Mir scheint's wie Gebet,
dem ich lausche ernst, beflissen.

Niemals aber mein Gebet
mag den Unsichtbaren rühren,
wenn mein Herz auch noch so fleht,
nicht den Schmerz zur Glut zu schüren.

Die Zeit

Zeit, wohin fließt die? Nach Avalun …
Elisabeth Langgässer

Wohin sie fließt, die Zeit,
weiß nur der Unsichtbare,
der uns unendlich weit,
uns hält an der Kandare.

Er mißt uns zu die Zeit,
die er zu kurz bemessen!
Auf die Unsterblichkeit
doch bin ich nicht versessen.

Ich stürbe wahrlich gern,
wär Avalun mein Eden,
und wär's auf einem Stern.
Mit ihm ist nicht zu reden.

In des Gottes Odem

Wenn ich zu Staub vergehe …
Friedrich Schnack

Wenn ich zu Staub vergehe,
werd ich der Erde gleich,
bis dann ich auferstehe
ins neue ewige Reich,

fern aller Schmerzen Brodem,
fern Feuer, Glut und Rauch,
und in des Gottes Odem
ein sanft beseelter Hauch.

Der Todesengel

> Es zwingt das Herz, das reif ist,
> den Pfeil herbei!
> Georg Britting

Ob unreif oder reif,
mein Herz traf Amors Pfeil.
Hat es noch gute Weil,
daß Tod mich Alten greif?

So sinn ich, siech und alt.
Nicht eines Pfeils bedarf
der Tod, doch Sicheln scharf,
in Engelungestalt.

Die Stubenuhr

> Die Stubenuhr, voll reifer Zeit …
> Richard Billinger

Die Stubenuhr, voll reifer Zeit,
ein Teilchen nur der Endlichkeit,
nur kurz uns zugemessen.

Ich lausche ihrem harten Schlag,
der schreckt zur Nacht und schreckt am Tag,
läßt nicht das End vergessen.

Kein Trost ist mir die Ewigkeit,
die uns der Priester prophezeit.
Ich lass mich nicht erpressen.

Wie oft die Stubenuhr schon schlug,
mir schien der Stundenschlag nur Trug.
Mich wird der Tod vergessen.

Winterasche

> Schon stäubt die Winterasche …
> Horst Lange

Schon stäubt die Winterasche
und schneit die Erde ein.
In der gebauchten Flasche
glüht der Burgunderwein.

Wer jetzt mich überrasche,
würd mir kein Fremdling sein,
nach meiner Hand er hasche
und lüd mich zu sich ein.

Immortelle

Süße Immortelle …
Oda Schaefer

Süße Immortelle,
wie dein Name trügt!
Ach, auch du bist sterblich,
die dem Tod sich fügt!
Sterben, ach, ist erblich.
Das allein genügt!

Oktoberabend

Die Traurigkeit des Lichts …
Peter Huchel

Die Traurigkeit des Lichts.
Wer, der sie überböte!
Ist irgendwo ein Nichts?
Verblutend Abendröte.

Der Himmel Sterne weint.
Ein stiller Tränenschauer.
Ist irgendwo versteint
einsamer Gott in Trauer?

Friedliche Geschosse

Eicheln wie Patronen.
Peter Huchel

Eicheln wie Patronen,
die kein Herz verletzen.
Schüsse, die verschonen,
nicht zu Tode hetzen.

Friedliche Geschosse,
ruhend in der Erde,
bis ein Keimling sprosse,
eine Eiche werde.

Die Trauer der Welt

… die Trauer der Welt.
Günter Eich

Wer sänftigt sie, die Trauer,
wer löscht das Feuer dieser Welt?
Der Mütter Tränenschauer?
Ein Gott, des Tränenregen fällt?

Nie höret auf die Trauer
der Welt, vom Todesschrei durchgellt!
So lang ist sie von Dauer,
bis diese Welt an uns zerschellt!

Staub

Alles ist Staub.
Rudolf Hagelstange

Alles ist Staub. Das ist gewiß.
Doch ohne Staub kein Leben.
Seit Adam in den Apfel biß,
ist Staub des Seins Bestreben.

Der Tempelvorhang einst zerriß.
Die Erde atmet Brodem.
Und in den Staub, das ist gewiß,
ein Gott haucht neuen Odem.

Die Zeit

> Es tropft die Zeit …
> Marie Luise Kaschnitz

Es tropft die Zeit
aus Wasserhähnen
wohl weltenweit,
perlende Tränen,

vertropft, ohn daß
wir es gewahren,
ohn Unterlaß
zu Lebensjahren.

Der Tod

Mir scheint, ich sei am Ast
ein Apfel, überreif,
nach dem in schierer Hast
die Hand des Todes greif.

Wenn Tod die Frucht sich bricht
zum eklen Leichenschmaus,
verschmäht des Fleisch er nicht,
die Seele spuckt er aus.

Oktober

Die Sonne schaut voll Zuversicht
mit lachendem Gesicht
in den Oktobertag,
bis ihr das Auge bricht
beim rohen Stundenschlag.

Jetzt schlägt der Mond sein Auge auf,
hebt Wind an mit Geschnauf,
und mancher Stern erwacht,
daß er die Erde tauf
mit Licht, erhell die Nacht.

Herzapfel

… diesen bitterlichen wilden Apfel …
Christine Lavant

Diesen bitterlichen wilden Apfel,
Herz genannt, wird Tod sich brechen.
Und die Teufel in der Hölle
werden mit ihm prassen, zechen.

Adam hat den Apfel sich gebrochen
wider das Gebot des Schöpfers.
Teufel hat den Sündenfall gerochen.
Neues Herz wird aus dem Restgewölle
formen sich die Hand des Töpfers.

Sommertage

> Sitzen im gefleckten Schatten.
> Karl Krolow

Sitzend im gefleckten Schatten,
schaun wir aus wie Tüpfeltiere.
Faul wir strecken alle Viere,
wenn im Dösen wir ermatten.

In die atmend offnen Münder
tropft der Saft der Mirabellen,
die in süßer Fäule schwellen.
Sind doch alle arme Sünder,

die in sich schon Fäulnis tragen
wie die Früchte an den Zweigen.
Ach, schon sich zu Ende neigen
Glück und Glanz von Sommertagen!

Rosen

Daß mir der Sommer nicht verbrenne!
Die Rosen lohen feuerrot.
Die ich mit Kosenamen nenne,
nicht aber stehen sie zu Gebot.

Ich werd an ihrer Glut erblinden.
Sie äschern auch den Sommer ein.
Wie soll ich, was ich suche, finden!
Auch ich zuletzt werd Asche sein!

Unterm Rosendach

… das Rosendach.
Heinz Piontek

Unterm Rosendach ich sitze
gern in einer Sommernacht.
Mit dem Rosendorn ich ritze
mir die Haut bedacht.

Sehe, wie ein Tropfen Blutes
röter als die Rose quillt.
Also lebe ich noch guten Mutes.
Etwas doch bleibt ungestillt.

Der Toten Schweigen

Ich hör der Toten Schweigen
herauf aus ihrer Gruft.
Als wollten sie mir zeigen,
wer still schweigt, der auch ruft.

Ich hör sie schweigend rufen,
als riefen sie mir zu:
Ach, noch so viele Stufen
hinauf zur ewigen Ruh!

Mein Lebenslauf

Mein Lebenslauf – gewöhnlich.
Ich war ein Kaiserschnitt.
Der Tod war ganz versöhnlich,
nahm nicht die Mutter mit.

Ich aber wuchs und nährte
mich von der Mutter Saft,
der milchig in mir gärte,
verlieh mir Manneskraft.

Die aber offenbarte
sich in der Dichterei.
Das war die einzge Karte.
Das Leben flog vorbei.

Von diesem ich nur naschte.
Mir war ein Vers genug.
Jedoch, wonach ich haschte,
das war nur Selbstbetrug.

Morgengruss

Guten Morgen, schöner Morgen …
Friedrich Schnack

Guten Morgen, schöner Morgen,
so gegrüßt, was wirst du bringen?
Zu den alten neue Sorgen?
Oder Verse, die gelingen?

Soll ich dich vorzeitig loben,
weil ich mir erhoff nur Gutes?
Mögen auch Gewitter toben,
ich verbleibe guten Mutes!

Guten Morgen, schöner Morgen.
Was du bringst, ich nehm's entgegen.
Ja, ich weiß, zu sein heißt borgen.
Ungewiß ersehnter Segen.

Selbstbildnis

Ich kann nur Geige spielen
und ein paar Verse spinnen.
Und was ich fühl tief innen,
das ist das Leid der Vielen.

Ich kann es nicht so zeigen,
nur es in Verse binden.
Und hörst du mich beim Geigen,
wirst du vielleicht mich finden.

Max Eham

Ich darf mich Schüler nennen,
des großen Komponisten.
Er lehrte mich das Hören,
das innere, das wahre.

Ich bin viel Dank ihm schuldig.
Ich wäre sonst kein Geiger.
Ich hab an seinen Messen,
als Geiger mich beteiligt.

In beiden hohen Domen
zu Freising und zu München,
die dieser große Meister
mit seiner Kunst geheiligt.

Herkunft

Ich bin der Sproß von Bauern,
und darauf bin ich stolz.
Da gibt's nichts zu bedauern,
bin aus besondrem Holz.

Denn durch der Arbeit Mühsal
geadelt war mein Ahn.
Auch ich blas keine Trübsal,
pack meine Arbeit an.

Ich bin ein Mann der Feder
und kämpfe meinen Kampf.
Ich weiß, ich bin nicht jeder,
war niemals ein Hansdampf.

Ich fechte bis zum Ende,
solang mein Geist es schafft,
vertrauend drauf, es wende
zum Guten alls die Kraft.

Wer bin ich?

Ich hab mich oft gefragt, wer bin
ich denn, und Antwort nicht gefunden.
Ich frage dich, doch du blickst hin
auf deine eignen offnen Wunden.

Ich frage Gott, jedoch der schweigt.
Als Antwort deute ich sein Schweigen.
War Gott mir jemals zugeneigt?
Ich deut es aus der Sterne Reigen.

Blättern in alten Büchern

In alten Büchern blättre ich gern,
und manchmal find ich eine Zeile,
die leuchtet wie der Abendstern,
daß bei den Worten ich verweile.

Ich blättre um, jedoch ich finde
auf keiner einzgen Seite mehr
Duft deiner Hand als Angebinde,
nach dem ich Alter mich verzehr.

Nachtviolen

Zuckt nachts das Herz in Krämpfen,
was könnt es sänftigen und dämpfen,
denn Duft der Nachtviolen!
Zeitlebens mußt du kämpfen,
so hat der Schöpfer es befohlen.
Er weiß um Menschenherzen.
Zu lindern ihre Schmerzen,
schuf er die Nachtviolen.

Das Blut in meinen Ohren

Ich spür, in meinen Ohren rauscht
und schäumt das heiße Blut.
Wer hat es mit dem Meer getauscht,
mit jener Urzeit-Flut?

Mich schwemmt es in das Meer zurück,
in dem ich ward, aus dem ich kroch.
Vom Schöpfungswerk ein Teil, ein Stück,
erst zu vollenden noch.

Lerchen

Gedanken, in die Luft gestreut,
wes Gottes, sind die Lerchen.
Wer könnte sie enträtseln!
Gedanken Gottes nachzudenken,
den seine Schöpfung freut,
des hab ich mich gescheut.

Schnee

Leis deckt der Schnee die Gräber zu
und ihre Traurigkeit.
Jetzt finden Tote sanfte Ruh
und träumen von der Ewigkeit.

Warm hat der Schnee sie zugedeckt,
bewahrt sie vor der kalten Welt.
Ob jemals sie der Herr erweckt,
sie aus dem Schlafen schreckt?
Barmherziger der Schnee, der fällt.

Oktober

Mit dem Duft der letzten Rose
hat Oktober sich geschmückt,
daß ihn wärmend Sonne kose,
ihn mit seidnem Glanz beglückt.

Mit verwelkten Blättern weinen
Bäume ihre Zweige leer.
Nur der Abendstern wird scheinen,
aber keine Sonne mehr.

Ausgepreßt und bald vergoren
Trauben zum Oktoberwein.
Du auch bleibst nicht ungeschoren,
wird dein Herz gekeltert sein.

Genug ist nicht genug

> Genug ist nicht genug.
> Conrad Ferdinand Meyer

Genug ist nicht genug.
Wem alles gleich genügt,
der frönt dem Selbstbetrug,
der selber sich belügt.

Mir nicht genügt das Wort,
daß ich zu Versen find.
Ich forsche weiter fort,
befrag das Laub im Wind.

Das weiß der Worte viel,
die fehlen zum Gedicht.
Ich frag der Wolken Spiel
mit Schatten und mit Licht.

Genug ist nicht genug.
Ich frage immerzu.
Ich frag den Vogelflug.
Im Wald den Frauenschuh.

So lang, bis einer mir
den Fragemund verschließt
und ich die Lust verlier,
weil mir kein Vers mehr fließt.

Die Sonnenuhr

Die Sonnenuhr ist bald verwischt
von Wolkenschatten; Zeit steht still.
Und auch dein Sein erlischt,
wenn eine unsichtbare Hand es will.

Vorrückt der Zeiger, nie zurück.
Doch auch nur, wenn die Sonne scheint.
Ach, Wolkenschatten, bist mein Glück!
Wie tröstlich, wenn die Wolke weint!

Panta rhei

Alles fließt, und alle Flüsse
fließen unerbittlich in das Meer.
Keiner, der nicht münden müsse,
dort, wo er war kommen her.

Alles fließt, auch unsre Tränen;
denn unendlich ist das Tränenmeer.
Irgendeinmal, ist zu wähnen,
weint Laurentius die Nächte leer.

Leise gesagt

> Alles ist leise gesagt …
> Josef Weinheber

Alles sagt der Blumenmund,
leise in der Abendstund,
möcht es gern erlauschen!

Ach, es spricht mein Menschenmund
oftmals sich so unnütz wund!
Möchte gerne tauschen!

Lange Nacht

Der schnelle Tag ist hin.
Andreas Gryphius

Des schnelle Tag ist hin,
nun naht die lange Nacht,
da ich gefangen bin
in wirren Träumen.

Vom wüsten Mond verlacht,
spür ich im Schlaf mich bäumen
gen jene dunkle Macht,
die Sein uns zugedacht.

Die Erde mir genügt

Ich lebe ganz der Gegenwart,
belebt mich doch stets das Gedicht.
Ich harre nicht der Himmelfahrt,
und auch des ewgen Eden nicht.

Die Erde mir genügt zum Glück,
das ich in jeder Blume find,
und jeder Stern stahlt's mir zurück.
Mir lächelt's zu ein jedes Kind.

Ich hab hier meine Seligkeit.
Die Erde nimmt mich in den Arm,
wenn um ist meine Lebenszeit.
Wer sonst, der meiner sich erbarm'!

Der Dichterstand

Ich bin ein Dichter – o wie wahr!
In vieler Augen sonderbar.
Ich ackre nicht, ich egge nicht,
ich forme Reime zum Gedicht.

Ich säe nicht, ich ernte nicht,
ich bin ein unscheinbarer Wicht.
Ich esse, was der Bauer schuf,
ist schließlich jedermanns Behuf.

Ich trinke, was die Kuh hergibt,
so wie es jedermann beliebt.
Jedoch, ich werd vom Vers nicht fett,
wie jeder geh ich müd ins Bett.

Wie ist die Meinung andrer rüd,
vom Dichten werd man doch nicht müd!
Der Dichter spürt die innre Uhr
wie der auch von der Müllabfuhr,

wie jeder wackre Bauersmann,
der vieles, nur nicht dichten kann.
Der Bauer nährt das ganze Land,
den Geist jedoch der Dichterstand.

Dichterin Natur

Die Zweige schreiben in die Nacht,
was ich nicht zu Papier gebracht.

Die reinste Dichtung die Natur.
In allem zeigt sich ihre Spur.

Schon im geringsten Tropfen Tau
wölbt sich der weite Himmel blau.

Der Grashalm, der den Tropfen hält,
er trägt mit ihm die ganze Welt,

die in den Tropfen paßt hinein,
Wie ist doch unsre Welt so klein!

Im Park der Villa Massimo

Im Lorbeer hat er sich versteckt,
der bockshörnige Faun.
Mich sein bemoostes Auge schreckt,
das scheint mich zu durchschaun.

Sieht er, was tief verborgen ruht
in meiner Seele Grund,
wo unter Asche schwelt noch Glut –
bis Lava bricht aus meinem Mund?

Die Sprache der Amper

Die Amper hat ihre Sprache
niemals verloren,
während unsere Sprache
sich wandelt
nach den Moden der Zeit.
Immer noch wird sie
in der ihr eigenen Sprache sprechen,
wenn wir die unsere
längst verloren haben,
der Sprachlosigkeit
auf immer verfallen sind.

Am Ufer der Amper

Schau ich ins Wasser der Amper,
hat es sich nicht geändert
seit meiner Kindheit.

Bin ich Alter
derselbe dem Wasser,
das mich anblickt
mit den Augen der Fische?

Berechtigte Frage

Wenn ich am Schreibpult stehe,
den Rücken zu schonen,
ist mir nicht wohl und nicht wehe.
Soll schreiben sich lohnen?

Wär es nicht besser,
ich stünde vor Toren und Türen,
schliffe Scheren und Messer,
statt zu pflegen Allüren!

Wäre ich Brecht

Allen meine Verse
schmackhaft zu machen,
wird mir wohl nicht gelingen.
Schließlich werde ich
der einzige sein,
dem sie schmecken.

Wäre ich Brecht,
würde dies gedruckt werden.

Der Mond

Der Mond schaut mir beim Schreiben zu.
Ich wüßte gern, was er sich denkt.
Er bringt mich nicht aus meiner Ruh.
Ich werd durch ihn nicht abgelenkt.

Sein Interesse bald verliert
der Mond an meiner Schreiberei.
Nach andern Abenteuern giert
er: Liebelei und Dieberei.

Zu fad ist ihm wohl mein Gedicht,
zu langweilig die Schreibehand.
Er schenkt den Liebenden sein Licht,
den Dieben weist er Schmuck und Tand.

Staub

Unsterblich ist der Staub allein.
Ich werd durch ihn unsterblich sein.
In mir hält sich der Staub bereit
für meinige Unsterblichkeit.

Vor dem Gewitter

Höre ich die Gräser flüstern
in der Dämmerung, im Düstern,
ist es wie zu mir gesprochen.

Aber was sie sagen wollen,
unter geht's im Donnergrollen,
meines Herzen wildem Pochen.

Niemals werde ich erfahren,
was mir zusteht noch an Jahren,
Monaten, vielleicht nur Wochen.

Le création du monde

Am Anfang aber war die Kraft,
die aus dem Nichts erschuf das All,
was uns erklärt die Wissenschaft
als Urknall. Schuf im Zweifelsfall,

so wie es in der Bibel steht,
in sieben Tagen Gott die Welt?
Ob Kraft, ob Gott, in allem weht
der Geist, so wie es ihm gefällt.

Des Nachts

Des Nachts ein Seufzen, Stöhnen.
Ist eine Seel' in Nöten,
die keine Ruhe fand?

Wie Wimmern fast von Flöten,
sich sehnend nach dem Schönen
in einem andern Land.

Der Morgen will sich röten.
Ich lausch den wunden Tönen,
greif eine Schattenhand.

Oktoberabend

Im Garten schnauft der Igel,
um einen Apfel er sich müht.
Der Mond, das runde Himmelssiegel.
Ein Stern, von adligem Geblüt.

Oktoberluft, noch leicht und labend.
Die Brust wird weit, die war beengt.
Zu Asche glüht Oktoberabend,
vom Rosenfeuer rot versengt.

Was hat der Mond dem zu versiegeln?
Des Schweigsamen göttlichen Mund?
Ach, es ist Zeit sich einzuigeln!
Gibt dir ein Traum die Zukunft kund?

Das Einhorn

Ist es dir manchmal nachts, es hab
ein Einhorn deine Brust durchstoßen,
als ob durch deine Träume trab
ein Wesen aus dem Numinosen?

Du schreckst empor aus tiefem Schlaf,
greifst dir ans Herz und spürst es rasen.
Was dich als Stoß des Einhorns traf,
war nur ein Schwall von Traumekstasen.

Die innre Sicht

Je mehr die Sehkraft schwindet,
wächst desto mehr die innre Sicht.
Zu neuen Wegen findet
der Blinde durch sein innres Augenlicht.

Er wird die Welt vergessen,
die ihm die klare Sicht verstellt,
und wird mit andren Augen messen,
was ihn zeitlebens nicht erhellt.

Spinnen

Nornen in Gestalt der Spinnen
weben wem das Totenlinnen.
Jeder hofft, nur nicht für ihn.

Mögen andere sich finden,
deren Glieder Fäden binden,
die zu Fangnetzen sich ziehn!

Spinnen im Gewand der Nornen
weben zwischen Rosendornen
Sargbehänge aus Satin.

Bäuerlich

Die Sonne brüllt
Glut aus dem Maul,
Geschmeißumhüllt
der Ackergaul.

Die Flanke dampft.
Die Nüster schnaubt.
Der Bauer stampft,
Rast nicht erlaubt.

Der Bussard kreist,
erspäht die Maus.
Sind Hof und Haus
schier wie verwaist.

Des Bauern Frau
die Kühe melkt.
Die Haare grau,
die Brust verwelkt.

Beäugt vom Huhn,
Ziel seines Spotts,
möcht sie nur ruhn
im Acker Gotts.

Der Kürbis

Der Kürbis, rund und prall,
mit Streifen längs und quer,
schier wie die Erde.

Der Kürbis vor dem Platzen.
Die Wespen surren her.
Aus Büschen spähn die Spatzen
und warten auf den Knall,
wann's Mahl eröffnet werde.

Die Igel werden schmatzen.
Und auch die Erde,
die voller Beschwerde,
ich fürcht, auch sie wird platzen.

Garten im Nebel

Sonne unterm Nebelschleier,
witwenhaft verhüllt.
Langsam sich der Gartenweiher
mit dem Abend füllt.

Ohne Mondlicht sieht er aus
wie ein blindes Aug.
Garten wird zum Trauerhaus,
das zum Weinen taug.

Lichtet sich der Nebelschleier
irgendwann im März,
gibt es eine Veilchenfeier
mit der Kuckucksterz.

Grösse im Geringsten

Löwenmäulchen schickt sich an,
was nur zu verschlingen.
Magisch zieht mich alles an
von den kleinsten Dingen.

Sei'n sie noch so unscheinbar
Größe liegt in ihnen.
Großem, das wird offenbar,
will Geringes dienen.

Nächte

Du sollst dir Nächte gönnen,
schlaflose, ohne Überschwang,
damit du magst erkennen können,
mit allem ein Zusammenhang.

Du kannst nicht atmen ohne Bäume,
sie spenden Sauerstoff,
Dein Auge das des Fisches,
der aus dem Urmeer schloff.

Der Mensch ist das Ergebnis
von allerlei Gemisch,
von Pflanze, Vogel, Fisch.
Die Nacht wird zum Erlebnis.

Flieder

Sanfter Hauch des Nachtgefieders
rührt so wohl die Wangen,
und der Blütenduft des Flieders
traulich rührt die Wangen.

Auch am Himmel blüht ein Flieder,
Stern um Stern erscheint.
Einmal wird es sein, daß wieder
Tote, Lebende vereint!

Sommernacht

Der Pfefferminze Ruch
würzt scharf die Sommernacht.
Was hat in dir zu Bruch
der schrille Tag gebracht?

Kamille heilt, was wund.
Der milde Baldrian
schließt dir zum Schlaf den Mund.
Der Mond, der Löwenzahn,

am Himmel gelb erblüht,
indessen Same sein
der irdische sich müht.
Die Traube träumt vom Wein.

Am Bein den Flügel wetzt
der Heuschreck so diskret,
daß es kein Ohr verletzt,
fast klingt wie ein Gebet,

inbrünstig ausgesandt,
auf daß es werd erhört
von etwas ungenannt,
das ohne Maß betört.

Die Sprache der Natur

Nicht sprachlos ist
Natur, hat sie auch keinen Mund;
denn alles, was da fließt und sprießt,
tut sich in seiner Sprache kund.

Sogar der Stein
in seiner Stummheit spricht,
schließt er doch in sich ein
das goldne Licht.

Lausch nur der Sprache der Natur,
dann tut sich ewge Wahrheit kund!
Sogar die Sonnenuhr
spricht dir die Stund.

Die Alte

Hasennasig die Alte.
Die oberen zwei Schneidezähne
stehen nach außen.
Sie nagt an einer Rübe,
die sie aus dem Boden gewühlt hat.
Mit so wenig
ist sie zufrieden.
Sie lobt den Rübenacker,
den Gottesacker.

Frost

Der Rose Atem, sommers süß,
jetzt, da sie welkt, abgründig faul.
Ach, wie doch jede Schönheit büß,
ein Mund jäh wandelt sich zum Maul!

Wer koste nicht der Rose Mund,
der Rosenblätter Lippen zart!
Der Frost beißt jede Rose wund,
der aus dem Nord mit eisgem Bart.

Überleben

Nun legt Libelle ab ihr Ei
am Stengel des Blutweiderich,
daß ihre Art gesichert sei
und weiterhin vermehre sich.

So zeugt das Leben sanft sich fort,
nicht ausstirbt die Libellenart.
Und stets erneuert sich das Wort,
es überleb die Gegenwart.

Bienen

Im Bienenhaus rumoren
die nimmermüden Bienen,
als füllten sie Amphoren,
den Zweibeinern zu dienen.

Wie schnöd, sie auszubeuten,
die Fleißgen zu berauben,
und nur zur Lust von Leuten,
die an sich selber glauben!

Am Ammersee

Im Wasser spiegelt sich der Berg,
auf dem die Mönche leben.
Am Ufer wartet schon der Ferg,
die Dame in den Kahn zu heben,

die holde mit dem Hut aus Stroh,
dem Kleidchen rot wie Rosen.
Er wär um ihre Lippen froh,
darf nur das Wasser kosen.

Im Dachauer Moos

Der Kiebitz längst schon ausgestorben,
die Bekassine ebenso.
Libellen, die sich wild umwarben,
wie grelle Blitze lichterloh.

Der Saubach aber fließt wie immer
behäbig durch das öde Moos.
Gebauschter weißer Wolken Schimmer
im stillen Wasser grenzenlos.

Wehmütig denkt einsamer Wandrer
zurück an frühre frohe Zeit.
Auch er ist jetzt ein ernster andrer,
der flüchtet in die Einsamkeit.

In der Dichterstube

Es ist ein Tag wie immer,
belanglos. Das Gerassel nur
zu jeder Stund der Stubenuhr.
Vom Sonnenlicht kein Schimmer.

Des Holzwurms stetes Bohren
hoch oben im Gebälk.
Am Fenster, wie verloren
Geranien, lang schon welk.

Die Tropfen an den Scheiben,
sie rinnen immerzu.
Der hier wird einsam bleiben,
das bist wohl, Dichter, du.

Kein Vers mehr wird dich trösten,
des hohe Zeit vorbei.
Bist keiner von den Größten.
Dir bleibt die Träumerei.

Träum du von schönen Dingen,
die andere nicht freun,
von trauten Schmetterlingen,
die deine Hand nicht scheun.

Von unsichtbaren Wesen,
die all dir gut gesinnt.
Vielleicht wirst du genesen,
wenn neues Sein beginnt.

Hohlweg hinter Etzenhausen

Tief in den Hügel eingeschnitten
ein Hohlweg, Heckenrosen blühn am Hang.
Wer hier gefahren, durchgeritten,
den längst die Zeit verschlang.

Im Sand die Spur von sanften Pfoten.
Ein Fuchs? Ging hier ein nackter Fuß
vereinsamt? Abdruck eines Toten,
der ruhlos wandern muß?

Eisblumen

Zu grünem Eis gefriert
der Atem an den Scheiben.
Der Ausblick sich verliert
hinaus ins Flockentreiben.

Exotisch Blumen blühn,
die niemand noch gesehn,
seltsam verwuchernd kühn
den Blick ins Flockenwehn.

Ist dies das Paradies,
in das du dich verirrt,
ein irdisch Eisverlies,
in dem die Kälte klirrt,

die fesselt deine Hand?
Hauch nur die Blumen an,
wie schnell das Eden schwand,
die Sicht hat freie Bahn!

Mein Gedicht

Alles hat ein Ende
so auch mein Gedicht,
das hinaus ich sende,
daß es zu dir spricht.

Wirst du es vernehmen,
wird's dein Eigen sein,
oder bleibt's ein Schemen,
war es doch nur Schein?

Anmerkungen

Die Anordnung der Gedichte richtet sich nach dem Zeitpunkt ihrer Entstehung.

Besonderer Dank gilt Frau Winkler für die digitale Erfassung meiner handschriftlichen Aufzeichnungen sowie Frau Sulzberger für die Mitorganisation.

Inhalt